ANTONINE

ou

LA CRÉOLE,

COMÉDIE-VAUDEVILLE EN TROIS ACTES,

(D'après *HONORINE*, OU LA FEMME DIFFICILE A VIVRE, de RADET,)

PAR

M. ÉDOUARD LEMAITRE.

REPRÉSENTÉE POUR LA PREMIÈRE FOIS, A PARIS, SUR LE THÉÂTRE DU GYMNASE DRAMATIQUE,
LE 17 JUIN 1843.

PRIX : 50 CENTIMES.

PARIS,

Chez MARCHANT, boulevard Saint-Martin, 12.

ET AU FOYER DU GYMNASE.

1843

ANTONINE

ou

LA CRÉOLE,

COMÉDIE-VAUDEVILLE EN TROIS ACTES,

(D'après *HONORINE, OU LA FEMME DIFFICILE A VIVRE*, de RADET,)

PAR

M. ÉDOUARD LEMAITRE.

REPRÉSENTÉE, POUR LA PREMIÈRE FOIS, A PARIS, SUR LE THÉATRE DU GYMNASE DRAMATIQUE,
LE 17 JUIN 1843.

PARIS,

Chez MARCHANT, boulevard Saint-Martin, 12.
ET AU FOYER DU GYMNASE.

1843

PERSONNAGES.	ACTEURS
DERVILLE....................................	M. VOLNYS.
DUCHEMIN, contre-amiral......................	M. TISSERANT.
GERVAIS, ancien jardinier, et à présent concierge du château....................................	M. KLEIN.
MARCEL, jeune jardinier.......................	M. SYLVESTRE.
ANTONINE, femme de Derville et nièce de Duchemin.	Mme LÉONTINE VOLNYS.
LOUISE, jeune créole, élevée près d'Antonine........	Mlle NATHALIE.
GATIEN, jeune villageois.......................	M. MORAZAIN.
THÉRÈSE, sa femme...........................	Mme DÉSIRÉE.

PAYSANS et PAYSANNES.

La scène se passe à la campagne, chez Derville.

NOTA. S'adresser pour la musique, à M. HEISSEN, bibliothécaire et copiste, au théâtre

ANTONINE OU LA CRÉOLE.

ACTE PREMIER.

Un jardin. A droite du théâtre, l'entrée d'un pavillon saillant.

SCÈNE PREMIÈRE.

MARCEL, seul; *il est occupé à relever des vases renversés et à replanter quelques arbustes.*

Là!... v'là à peu près tout le dégât réparé.... et personne n'est encore levé dans la maison... (*Regardant le château.*) Non... mam'selle Louise dort encore... tant mieux... c'est du bon temps pour elle.... Oh!.... oui.... sans mam'selle Louise, je ne resterais pas dans ce château, où mon père m'a fait entrer il y a six mois pour être jardinier en chef et sans partage, vu que je suis tout seul... Quel dommage que mam'selle Louise ait été si bien élevée, toujours auprès de madame Derville.... c'est pas que j'en ai reçu aussi moi de l'éducation, chez les frères, mais je n'y suis resté que quinze jours.... en fait d'instruction, outre le jardinage, je n'ai jamais pu mordre qu'au flageolet.... et comme chez les frères on n'apprend pas la musique.... c'est égal, je suis d'une jolie force.... pour faire danser surtout.... et ça plaît à mam'selle Louise.... elle est si bonne, si gentille, si aimable!.... je me jetterais au feu pour elle.... et quand je peux lui éviter quelques désagréments.... ce qui n'est pas rare.... sa maîtresse a un si drôle de caractère...

Il a travaillé tout en parlant.

SCÈNE II.

MARCEL, GERVAIS.

GERVAIS. Ah! ah! Marcel, déjà à l'ouvrage....

MARCEL. Oui, père Gervais.... et il y a longtemps.... j'ai changé d'emploi avec le coq de la basse-cour, aujourd'hui... c'est moi qui l'ai réveillé.

GERVAIS. C'est bien, mon garçon... dam, chacun son temps.... moi aussi j'ai travaillé comme toi, du matin au soir, pendant quarante ans que j'ai été jardinier du château; à présent que j'en suis le concierge et que je suis veuf, je me repose.

MARCEL. On dit que c'était une bonne femme, votre femme, père Gervais?

GERVAIS. Oh! oui, c'était une bonne femme celle-là!....

MARCEL. Et vous avez dû avoir ben de la peine à vous consoler.

GERVAIS. Je t'en réponds,... d'autant plus qu'après sa mort, j'ai eu affaire à des vivants qui ont ben fait tout ce qu'ils ont pu pour prolonger mon chagrin.

MARCEL. Bah!

GERVAIS. Oui... des héritiers qu'ils appelaient, je crois, des cola....

MARCEL. Des colas?...

GERVAIS. Des colatoraux!.... ils se sont souvenus que j'avions touché de ma défunte une dot de six cents livres!... v'là-t-il pas que ces enragés-là sont venus me menacer de faire vendre mon petit ménage si je ne leur rendions pas la somme tout de suite....

MARCEL. Ils étaient donc ben pressés.

GERVAIS. Il paraît... ma femme ne les connaissait pourtant pas.... mais ça ne fait rien...

Air du Verre.

Si j'nons pas tant que j'somm's vivants
D'parents dont la main nous soulage,
Toujours à la fin de nos ans
Il s'en trouv' pour not' héritage...
Au lit, où je somm's à souffrir,
On dirait qu'ils vienn'nt nous poursuivre;
Ils semblent nous prier d' mourir
Afin de leur bailler d' quoi vivre.

MARCEL. Ah ben.... si j'ai jamais des cola.... comme vous,.... je les ferai attendre, moi,.... pour qu'ils meurent de faim.... j'aimerais mieux ne pas mourir du tout....

GERVAIS. J'étais dans un fameux embarras tout de même.... je n'osais pas en parler à monsieur Derville, not' bon maître, qui n'a déjà rendu ben des petits services.... et ma foi, sans Louise, à qui j'avais tout conté, je crois que j'en serais devenu fou.... mais c'te bonne fille a si bien su tourner ça, qu'hier elle m'a apporté les six cents livres....

MARCEL. Voyez-vous.... c'est un ange!.... elle ne m'a rien dit de ça!...

GERVAIS. Je crois ben... elle veut que

je n'en sonne mot à personne, jusqu'à ce que j'aie remercié monsieur Derville ; et pour que je le remercie elle dit qu'il faut que j'attende qu'il m'en parle le premier....

MARCEL. Et il ne vous en parlera jamais, c'est clair... il est si bon...

GERVAIS. C'est donc dommage que sa femme ne lui ressemble pas...., elle est si fière... si hautaine...

MARCEL. Ça tient au pays... elle est comme ça de naissance.... Vous savez ben... cette vieille négresse qui est là-haut dans la chambre, en train de mourir depuis un an... elle m'a raconté que là-bas, en Amérique, où le père de mam'selle Antonine, à présent madame Derville, était très-riche.... c'est l'usage.... les colons, c'est comme ça qu'on appelle les gens riches qui ont des propriétés et des esclaves...., les colons mènent tous leurs gens noirs ou blancs, n'importe la couleur, au doigt et à l'œil et même à la baguette...., s'ils font la moindre grimace pour obéir, pif, pan, allez donc... les petits colons et les petites colones sont élevées dans ces habitudes-là... et madame, qui avait beaucoup d'intelligences et de dispositions naturelles, a supérieurement profité de l'éducation.... ce qui charmait son papa (1)....

GERVAIS. Pardine !.... je ne m'étonne plus s'il en a fait un si bon sujet ! queu démon ! à propos, elle l'avait taillé la besogne hier.... il n'y paraît plus... mais morgué ! ça allait bien... les fleurs arrachées, les caisses renversées, les pots cassés...

MARCEL. Et c'est moi qui les ai payés les pots...

GERVAIS. Tout ça parce qu'on ne les plaçait pas assez vite sous ses fenêtres.... mais queu fantaisie à monsieur Derville d'aller épouser une femme de l'autre monde...

MARCEL. C'est pas une fantaisie; mam'selle Louise m'a expliqué tout ça.... monsieur était lieutenant de vaisseau sous les ordres de monsieur le contre-amiral Duchemin, l'oncle de madame, qui l'aimait beaucoup... c'est lui qui l'a marié à sa nièce, parce qu'il voyait que monsieur, qui était d'un caractère très-doux, et qui s'occupait beaucoup d'études, de sciences, ne s'élèverait jamais bien haut dans la marine... et monsieur Derville, qui n'avait pas de fortune, malgré le naturel un peu vif de madame, qu'il connaissait, n'en a pas moins eu beaucoup de reconnaissance pour le contre-amiral, de lui avoir fait faire un si beau mariage.... d'ailleurs elles sont très-bien les femmes de l'autre monde.... la chaleur de l'endroit, qui devrait les brunir, les rend plus blanches au contraire!.... c'est drôle!.... voyez plutôt

(1) Supprimez ce qui suit à la représentation jusqu'au (1) de la colonne suivante.

mam'selle Louise, comme elle est jolie.... et même madame avec ses grands yeux noirs... mais vous ne l'aimez pas ma'me Derville, vous, père Gervais.

GERVAIS. Oh! j'li tiens tête, je ne suis pas si endurant que toi,.. de temps en temps tu reçois des taloches...

MARCEL, *riant*. Oui... des fières mêmes...

GERVAIS. Tu ris de ça ?...

MARCEL. Dam! ça me fait plaisir...

GERVAIS. Par exemple !...

MARCEL.
Air : *Faut l'oublier.*

Mam'sell' Louis' rar'ment en échappe
Un certain nombre pour sa part ;
Mais, moi, j'arriv' là par hasard
Sitôt que j'vois qu'elle en attrape,
Je tach' de rompre l'entretien,
Et sur moi l'courroux tomb' ben vite ;
Vous comprenez qu' par ce moyen
C'est du mal qu'à Louise j'évite,
Et ce mal-là me fait du bien...

GERVAIS (1). C'est cette pauvre Louise qui est son vrai souffre-douleur ici.... et monsieur Derville devrait ben ne pas permettre ça...

MARCEL. Il en ignore... presque toujours... est-ce que mam'selle Louise ose jamais se plaindre...... Orpheline dès sa tendre enfance, elle a été élevée là-bas aux colonies avec sa maîtresse, elle ne l'a jamais quittée... aussi monsieur le contre-amiral, qui est un brave homme, et qui n'est pas fier du tout, lui.... quoique ça soit fameux d'être contre-amiral... il a voulu que la pauvre fille restât toujours chez madame, comme l'enfant de la maison...

GERVAIS. Oui, joliment !..... c'est encore un bel enjoleux que ton monsieur Duchemin,.. depuis six mois qu'il s'est débarrassé de sa nièce pour la faire épouser à son ami Derville, je ne l'avons par revu.

MARCEL. Chut !.... Je crois que nous ne tarderons pas...

GERVAIS. Vraiment ?...

MARCEL. J'ai entendu hier monsieur annoncer sa prochaine arrivée à Louise...

GERVAIS. Tant mieux !.... j'aurons le plaisir de lui dégoiser ce que j'avons sur le cœur.

MARCEL. Et tenez.... justement...

SCÈNE III.
LES MÊMES, DUCHEMIN.

DUCHEMIN. Bonjour, Marcel ! bonjour.

GERVAIS. Bonjour, monsieur le contre-amiral.... comment que ça va, monsieur le contre-amiral ?

GERVAIS. Ne faut pas vous demander ça... morgué ! vous avez une mine....

DUCHEMIN. L'air de la mer, mes enfants.. les voyages.... ça entretient la santé... voilà cinq mois que je n'ai quitté mon vaisseau... et encore je n'ai pas longtemps à rester à terre.... Marcel! va voir si ton maître est réveillé.

MARCEL. Oui, monsieur le contre-amiral... j'y cours, monsieur le contre-amiral...

Il sort.

SCÈNE IV.

DUCHEMIN, GERVAIS.

GERVAIS. S'il est réveillé! faudrait ben plutôt demander s'il est endormi!

DUCHEMIN. Que veux-tu dire?

GERVAIS.

AIR : *Un homme pour faire un tableau.*

Je disons qu'souvent en ces lieux
Le sommeil est loin d' sa paupière;
Et quéqu'fois, sans fermer les yeux,
L' cher homm' pass' la nuit tout entière.
C' qu'il fait pour oublier ses maux
S'rait ben inutile, à c' qu'i m' semble,
Femm' capricieuse et bon repos
N'habit'nt pas souvent ensemble.

DUCHEMIN. Hein!.... (*A part.*) Serait-il vrai?.... cette nièce qui devait faire le bonheur de son époux; que je croyais destinée à rendre ma vieillesse heureuse.... serait-elle le tourment de ceux qui la chérissent...

GERVAIS. C'est que, voyez-vous, ce bon monsieur Derville.... c'est un bon honnête homme.... mais c'est un savant aussi... il travaille, il écrit sur la géographie, l'astronomie, que sais-je, moi?... il a dans la tête tout ce qu'il faut pour ça.... et peut-être pas ce qu'il faudrait pour conduire une jeune femme, qui aurait bien besoin d'être menée.

DUCHEMIN. C'est bien, Gervais.... J'attends Derville.... laisse-nous....

GERVAIS. Donnez-lui donc quelques bons conseils... Serviteur, monsieur Duchemin...

Il sort.

SCÈNE V.

DUCHEMIN, *seul*.

Ce que je craignais arriverait-il donc?.... rien ne pourra-t-il triompher de ce caractère impérieux et qui veut que tout soit soumis à ses caprices?... j'espérais qu'en mariant Antonine à un honnête homme, sage, aimable, et du caractère le plus doux.... les relations intimes, les petits soins et les douceurs d'un bon ménage donneraient l'aménité qui manque seule à ce naturel faussé par l'aveugle tendresse d'une mère, idolâtre de sa fille, et qui l'a élevée dans des idées d'orgueil malheureusement encore trop communes aux colonies.... Je me serais trompé!... ce n'est pas de la faiblesse de la part de Derville, j'en suis sûr.... je l'ai vu dans mainte occasion déployer de la fermeté; mais c'est pour moi qu'il n'ose en montrer.... en lui faisant épouser ma nièce, j'ai voulu faire sa fortune et son bonheur, et quoique je n'aie réussi qu'à moitié, la reconnaissance qu'il croit me devoir.... la crainte que sans doute il éprouve de m'affliger en employant plus de sévérité envers sa femme, retiennent un mécontentement sans doute trop légitime... mais me voici... observons; peut-être y a-t-il aussi de l'exagération dans les rapports qu'on me fait.... et c'est de Derville lui-même que je veux apprendre....

SCÈNE VI.

DUCHEMIN, DERVILLE.

DERVILLE. Ah! vous voilà, mon ami... que j'ai de joie de vous revoir...

DUCHEMIN. Embrassons-nous, mon cher neveu... Tu vois que j'ai suivi de près ma lettre... débarqué au Havre, il y a huit jours, en arrivant de la Martinique, j'ai mis aussitôt une lettre à la poste!... et me voici... mais je n'ai qu'un jour à vous donner..... car en passant à Paris, j'ai reçu de nouveaux ordres qui me forcent à me rembarquer, et je pars demain...

DERVILLE. Quoi! si tôt?

DUCHEMIN. J'aurai toujours eu le plaisir de te voir un instant, ainsi que ma chère nièce...

DERVILLE. Elle sera enchantée de vous embrasser aussi...

DUCHEMIN. Parbleu!... je l'espère bien... Ah ça... elle est toujours jolie, ma chère Antonine, toujours...

DERVILLE. Charmante...

DUCHEMIN. Et vous faites ensemble le plus gentil ménage...

DERVILLE, *embarrassé*. Mon ami... veuillez m'excuser... si...

DUCHEMIN. Eh bien!... que signifie cet embarras...

DERVILLE. Mieux que moi vous connaissez Antonine... vous savez avec quelle extrême indulgence... quelle faiblesse même, elle a été élevée... un caractère comme le sien... ne se réforme pas en un jour...

DUCHEMIN. Oui... oui... elle est inconstante dans ses goûts, bizarre dans son humeur...

DERVILLE. Un peu capricieuse, exigeante.

DUCHEMIN. Enfin, un grand enfant gâté... mais cependant...

DERVILLE. A force de soins, d'égards, qu'elle finira, j'espère, par comprendre...

DUCHEMIN. Comment !..... j'ai rencontré un jour, à Paris, où je suis passé... le jeune Saint-Cernin, ton ami, qui, m'a-t-il dit, est venu vous voir... Il a été charmé de la réception que tu lui as faite... il vante ton bonheur...

DERVILLE. On ne peut pas confier ses peines à tout le monde...

DUCHEMIN. Quoi ?

DERVILLE,

Air : *Soldat français*.

L'époux qui gémit tous les jours
Doit encor savoir se contraindre,
Car il ne trouve pas toujours
Des gens disposés à le plaindre.
Mais au contraire on dit tout bas :
Sa femme est bien mieux qu'il ne pense,
C'est ainsi qu'en ce monde, hélas !
Pour les défauts dont on ne souffre pas ;
On a toujours de l'indulgence,
On montre beaucoup d'indulgence.

DUCHEMIN. Mais alors... si je te comprends bien, tu aurais à me reprocher...

DERVILLE. Vous avez cru me rendre heureux, mon ami...

DUCHEMIN. Et tu ne l'es pas ?...

DERVILLE. Mon cœur n'oubliera jamais qu'il n'a pas tenu à vous... et je serais coupable de vous affliger...

DUCHEMIN. Voyons, explique-toi...

DERVILLE. Si je dois vous parler franchement,...

DUCHEMIN. Je l'exige... que diable ! je ne puis croire qu'avec toi, Antonine ne se soit pas défait de quelques légers défauts...

DERVILLE. J'en perds l'espérance !

DUCHEMIN. Ce n'est pas possible... il doit y avoir des moyens...

DERVILLE. Un seul !... mais tourmenter de sang-froid une femme que j'adore... qui au fond m'aime sincèrement aussi, malgré ses torts, je n'en doute pas... non... si je pouvais changer son caractère sans lui rien ôter de sa tendresse pour moi...

DUCHEMIN. Allons, allons... elle n'est peut-être pas aussi noire...

SCÈNE VII.

LES MÊMES, LOUISE, puis MARCEL.

LOUISE, *sortant de la maison en pleurant*. Ah ! ah ! ah !...

DUCHEMIN. Qu'est-ce donc ?

MARCEL, *accourant*. Comment, mam'selle Louise, encore de la peine ?...

LOUISE. C'est être bien injuste !

DERVILLE. Qu'avez-vous, Louise ?

MARCEL. C'est pas difficile à deviner...

DERVILLE. Vous avez pleuré ?

DUCHEMIN. Parbleu, elle pleure encore...

DERVILLE. Vous sortez de chez Antonine. Serait-ce elle qui cause les larmes que vous vous efforcez de retenir ?...

LOUISE. Monsieur !...

DERVILLE. Dites la vérité...

DUCHEMIN. Allons, parle, mon enfant...

LOUISE. C'est que... j'étais entrée dans la chambre de madame, comme elle me l'avait ordonné hier au soir... elle dormait... et j'ai eu la maladresse de laisser tomber une tasse... ce qui l'a réveillée de mauvaise humeur... elle m'a brusquée... et puis...

MARCEL. Et puis... le langage de Saint-Quentin, les paroles dans le creux de...

DUCHEMIN. Quoi !... elle aurait...

DERVILLE. Se livrer à de pareils excès ! et contre qui ?... contre une enfant élevée près d'elle, qui la sert plus par amitié que par devoir.

DUCHEMIN. Diable !... c'est fort.

MARCEL. Très-fort. (*A part*.) J'en sais quèqu'chose...

LOUISE, *à Derville*. Ah ! monsieur !... je ne croyais pas vous trouver ici... C'est bien malgré moi que vous avez connaissance de cela... Ne lui en parlez pas... que je ne sois pas cause...

DERVILLE. Quoi, Louise !

LOUISE. Oh ! je ne lui en veux pas... c'est un petit moment de vivacité...

DUCHEMIN. C'est toi qui l'excuses...

MARCEL. Elle est si bonne, mam'selle Louise.

LOUISE.

Air : *Ce mouchoir que je te donnai*.

De ces torts-là, ce n'est pas à son cœur
Que l'on doit, hélas ! faire un crime ;
Des traits de sa mauvaise humeur
Elle est la première victime,
Laissez-la donc se reprocher
De n'avoir pas su se contraindre...
Pardonnez-lui ; bien loin de vous fâcher,
Il faut plutôt la plaindre.

DUCHEMIN. Excellente fille !

On entend le bruit d'une sonnette.

MARCEL. Ah ! mon Dieu !... c'est madame qui vous sonne...

LOUISE. J'y cours...

DUCHEMIN, *la retenant*. Non ! restez, mon enfant !

LOUISE. Mais, monsieur !...

DUCHEMIN. Le danger est sérieux puisqu'on sonne le tocsin.

SCÈNE VIII.

LES MÊMES, GERVAIS.

GERVAIS, *appelant avant de paraître*. Louise! Louise!... Eh bien!... vous êtes donc sourde... V'là un quart d'heure que madame carillonne à se démantibuler le poignet...

DUCHEMIN. C'est moi qui lui défends de répondre...

GERVAIS. Ah bah!... alors c'est différent! Mais Louise, quoique vous avez donc... encore quelque taloche de la belle main de vot' maîtresse?...

DUCHEMIN *et* DERVILLE. Comment encore?

GERVAIS. Pardine!..... c'est tous les jours la même chose...

LOUISE, *voulant l'empêcher de parler*. Gervais!

GERVAIS. Non, mam'selle... si vous êtes assez bonne pour souffrir ça sans vous plaindre... moi, je suis trop franc pour ne pas dire à ce brave homme tout ce qui en est...

DUCHEMIN. Oui, oui... parle, Gervais.

GERVAIS.

Air: *Amis, de postillons nos pommiers*.

Cinq ou six fois par jour au moins
   Madam' se fâche et crie;
Malheur à ceux qui sont témoins
   De ses moments d' furie!
    All' bat c' garçon-là...
    All' bat Louis' que v'là
Qu'est d'un' douceur extrême...
    Si vous souffrez ça
    J'dis qu'all' finira
Par vous battre vous-même.

DUCHEMIN. Eh mais!... je vois en effet qu'il est temps de porter remède...

DERVILLE. Eh! lequel?...

DUCHEMIN. Lequel?... il est tout simple... écoute!...

Il lui parle bas.

LOUISE, *à Gervais, pendant ce temps-là*. Pourquoi dire tout cela, Gervais?

MARCEL. C'est vrai ça... père Gervais, vous êtes fièrement babillard... pour un concierge...

GERVAIS. Je dis la vérité... ce n'est pas ma faute si elle n'est pas flatteuse...

MARCEL. C'est égal, puisque ça fait de la peine à mam'selle Louise, pourquoi que vous babillez?...

GERVAIS. Je suis bon avec les bons... méchant avec les méchants... Certainement je ne suis qu'une bête en comparaison d'un homme d'esprit comme monsieur Derville... Mais si j'avais une femme pareille à la sienne, faudrait, morgué, qu'elle obéisse ou qu'elle disît pourquoi?...

DERVILLE, *répondant à ce que Duchemin lui a dit tout bas*. Quoi! vous voulez....

DUCHEMIN. Oui, morbleu!... et si ça ne suffit pas... nous verrons!...

ANTONINE, *en dehors*. Louise! Louise.

MARCEL. V'là madame... Gare à nous...

GERVAIS. Je sommes ben dans le cas de nous défendre... Cinq contre une. (*Apercevant Antonine*.) Diable!... alle a mis son bonnet de travers; ça ira mal.

SCÈNE IX.

LES MÊMES, ANTONINE.

ANTONINE, *paraissant sortir du lit, habillée à la hâte, et avec beaucoup de négligence*. Y a-t-il assez longtemps que je vous sonne, mademoiselle?

DUCHEMIN. Eh! bonjour, ma chère Antonine!

ANTONINE. Quoi, mon oncle! c'est vous... (*Elle l'embrasse*.) L'impertinente!...

DUCHEMIN. J'arrive un peu matin!...

ANTONINE. On n'arrive jamais trop tôt quand on est sûr de faire plaisir.

DUCHEMIN. C'est bien obligeant ce que tu me dis là......

GERVAIS, *à part*. Ça n'est pas naturel!

ANTONINE. J'ai pourtant beaucoup d'humeur, telle que vous me voyez...

DUCHEMIN. Déjà!

GERVAIS, *à part*. La journée sera bonne.

ANTONINE.

Air de la *Contredanse du Diable à Quatre*.

Du matin au soir et contre tous,
   Sans relâche
Il faut que je me fâche.
Tour à tour mes gens et mon époux,
  A plaisir excitent mon courroux.

GERVAIS, *à part*. La v'là partie!...

ANTONINE, *montrant Louise*.

Elle, par son indolence
Et son faux air de douceur,

Montrant Gervais.

Lui, par son ton d'arrogance...

Montrant Marcel.

Lui, par son souris moqueur,

Montrant son mari.

Lui, par sa froideur hors de saison,
   En silence
Souffre qu'on m'offense.
Enfin, voyez-vous, dans la maison
Personne que moi n'a de raison.

DUCHEMIN, avec une légère ironie. Vraiment?... cette pauvre Antonine!... ils te laissent tous le triste privilége d'avoir raison!

GERVAIS, à part. Ce qui me fait plaisir, c'est que j'avons chacun not'paquet!

MARCEL, bas, à Louise. Restez près de moi, mam'selle Louise... s'il y a de l'orage, je vous servirai de paratonnerre.

ANTONINE, à Louise. Et vous, mademoiselle, vous disparaissez et ne répondez pas quand je vous appelle..

LOUISE. Mais, madame...

DUCHEMIN. Oh! elle a tort... tu l'avais si bien reçue!

ANTONINE. Ah! mademoiselle a porté ses plaintes...

DERVILLE. Ce n'est pas se plaindre que de gémir d'avoir été traité durement... Antonine, il faut aimer ceux qui nous entourent et tâcher de s'en faire estimer... car souvent c'est par eux qu'on nous juge...

ANTONINE. Avec ces beaux sentiments-là, vous serez bien servi par vos gens...

DERVILLE. Je n'exige pas qu'ils soient parfaits..... je suis reconnaissant de leurs efforts et indulgent pour leurs fautes.

ANTONINE. Oh! vous pouvez vous contenter d'un service pareil... mais moi je prétends que les gens que je paye m'obéissent sans répliquer... c'est ma volonté.

DERVILLE, froidement. Prenez-y garde, ma chère amie... quand pour être obéi selon sa volonté on exige trop de ses serviteurs... on peut se voir réduit...

ANTONINE. A quoi donc, monsieur?

DERVILLE. Mais... à se servir soi-même...

DUCHEMIN, à part. C'est ça!... voilà le premier pas...

ANTONINE. Qu'est-ce que cela veut dire?

DERVILLE. Que... si toutes les personnes de la maison ne suivent pas, comme vous l'entendez, vos volontés... il faudra bien vous abstenir de réclamer leurs services...

DUCHEMIN, à part. Voyons l'effet!...

ANTONINE. Et alors... vous leur défendez de rien faire de ce que je leur commanderai?...

DERVILLE. Puisqu'il n'y a pas d'autres moyens de les soustraire à des extrémités fâcheuses...

ANTONINE. Ah! ah!... mais cette défense est tout à fait aimable... et ce nouveau langage vous sied à ravir.

GERVAIS. Quant à moi, monsieur Derville... je vous promettons ben de ne pas vous désobéir.

LOUISE, bas, à Marcel. Nous, Marcel, nous la servirons toujours...

MARCEL. Dam! moi, j' ferai comme vous, mam'selle...

ANTONINE. J'espère que de pareilles prétentions ne concernent pas Louise, une enfant que j'ai élevée... qui m'appartient pour ainsi dire...

DERVILLE. Louise!... c'est particulièrement pour elle que je parle...

ANTONINE. Pour elle! à la bonne heure... Aussi bien, depuis longtemps son service me déplaît... Qu'elle s'en aille...

MARCEL. Par exemple!...

ANTONINE. Je la chasse!...

DERVILLE. Et moi, je la garde...

ANTONINE. Malgré moi!...

DERVILLE. Je n'ai pas oublié que votre père, en mourant, vous fit promettre que pour elle vous seriez une sœur...

ANTONINE. J'aurai soin d'elle... mais ce ne sera pas ici...

DERVILLE. Pardon! ce sera ici...

DUCHEMIN, bas, à Derville. Très-bien!...

ANTONINE. On me contrarie... on me résiste.... quel est donc ce ton-là, s'il vous plaît?

DERVILLE. Celui que j'aurais dû prendre depuis longtemps, peut-être...

ANTONINE. Mon oncle!...

DUCHEMIN. Dam!... il est ton mari!

GERVAIS. Et du côté de la barbe...

ANTONINE. Me braver ainsi..... moi..... je veux qu'elle sorte!

DERVILLE. Elle restera!...

ANTONINE, à Duchemin. Vous voyez!...

DERVILLE. Et vous n'insisterez pas quand j'ajouterai que je le désire..... que..... je le veux...

GERVAIS, à part. Allons donc..... à la fin!...

LOUISE, à Derville. Monsieur!... permettez!...

DUCHEMIN, bas, à Louise. Ne te mêle pas de ça.

ANTONINE, à part. Je ne reviens pas de ma surprise.

GERVAIS, bas, à Marcel. Elle est un peu étourdie du coup... mais ça ne sera rien.

ANTONINE, à Derville. Quoi, monsieur! vous défendez que Louise me serve, et vous la retenez?...

DERVILLE. Oui, ma chère amie!...

ANTONINE. Fort bien... je vois ce qui en est...

DERVILLE. Et que voyez-vous?...

ANTONINE. Ce que vous dissimulez fort mal... oui, perfide!... l'obstination que vous mettez à me contrarier, la chaleur avec laquelle vous prenez la défense de cette créature..... le tendre intérêt qu'elle vous inspire... tout cela prouve assez vos coupables intentions.

LOUISE. O ciel! quoi! madame....

ANTONINE. Taisez-vous, impertinente!...
DERVILLE. Vous pourriez penser?...
ANTONINE. Allez, monsieur... n'ajoutez pas la fausseté à l'inconstance...
DERVILLE. Grands dieux!...
DUCHEMIN, *bas, à Derville.* Laisse-la dire... (*Haut.*) Ah ça, mes amis, finissons ces débats... J'arrive, j'ai besoin de me mettre à mon aise et de me reposer.
DERVILLE. Pardon, mon ami, venez...
ANTONINE, *à part.* J'étouffe de colère!.....
DUCHEMIN, *bas, à Derville.* Elle souffre! tant mieux.

DERVILLE, *à part.*

Final du 1er acte de la Lune de miel.

Ah! je souffre cent fois plus qu'elle
De la douleur que je lui vois!

DUCHEMIN.
Déjà ton courage chancelle?

ANTONINE.
Ainsi se conduire avec moi!...

LOUISE, *à part.*
Hélas! elle se désespère;
Ah! sa douleur fait peine à voir...

ANTONINE.
A son cœur un autre est plus chère,
L'eût-on jamais pu concevoir?

DUCHEMIN, *à Antonine.*
Il n'a pas tort, je dois le dire..
Mets donc un peu plus de douceur...

MARCEL.
Est-c' du dépit ou d' la douleur?

ANTONINE.
Ah! mon oncle! c'est une horreur!

GERVAIS.
Elle enrage! moi ça m' fait rire!

ENSEMBLE.

On voit, morgueun', sur son visage
Combien ça la fait enrager...
Bravo, not' maître, allons, courage;
C'est l'seul moyen d' la corriger.

DUCHEMIN, *à Derville.*
Pas de faiblesse; allons, courage,

Va, crois-moi, tu peux sans danger
Faire un instant gronder l'orage
Afin de la mieux corriger.

DERVILLE.
J'ai grand besoin qu'on m'encourage;
Faut-il donc pour la corriger
Feindre aujourd'hui d'être volage?
Ah! c'est vraiment trop l'affliger.

ANTONINE.
Sachons souffrir avec courage;
Vainement on croit m'outrager;
D'un mari trompeur et volage
Seule je saurai me venger.

LOUISE.
Je pourrais troubler leur ménage,
Tous deux ainsi les affliger...
Non... je fus toujours douce et sage,
Et c'est vraiment trop m'outrager.

MARCEL.
Mam'sell' Louis', si bonne et si sage,
Peut-on ainsi vous outrager!
Consolez-vous, et du courage...
Cessez, cessez d' vous affliger.

ANTONINE, *à Louise.*
Quoi! vous osez me ravir mon époux?

LOUISE.
Moi?

ANTONINE.
Vous! à moi, votre maîtresse...

DERVILLE.
Que vous importe ma tendresse!
Et pourquoi ce soupçon jaloux?

LOUISE.
Qu'ai-je donc f it, hélas! pour qu'ainsi l'on m'accuse?

DERVILLE, *à Antonine.*
De votre affreux courroux c'est une vaine excuse...
Je suis loin de l'admettre ici...
Taisez-vous donc..

ANTONINE.
Me taire... on permettra peut-être...

DUCHEMIN.
Obéissez, ma nièce... il est le maître.

ANTONINE.
Eh quoi! mon oncle! vous aussi!...

REPRISE DE L'ENSEMBLE.

Sachons souffrir avec courage, etc.

FIN DU PREMIER ACTE.

ACTE DEUXIEME.

Un salon; porte au fond et portes latérales; piano.

SCÈNE PREMIÈRE.

LOUISE, *seule.*

Elle est enfermée chez elle..... et il n'y a pas moyen de lui parler. J'aurais bien voulu pourtant... car je suis bien sûre que maintenant elle regrette... quels affreux soupçons!... heureusement, je ne les mérite pas... et jamais... oh! non... jamais tout le mal qu'elle pourrait me faire ne m'engagera à oublier tout le bien qu'elle m'a fait!..

SCÈNE II.

LOUISE, MARCEL.

MARCEL. Ah! vous v'la, mam'selle Louise... Toujours de la tristesse donc?... moi qui aime tant à vous voir gaie, heureuse... mais ça viendra, n'est-ce pas?... le beau temps après la pluie... il se présente justement une fière occasion...

LOUISE. Une occasion?

MARCEL. Oui, nous allons danser, rire, nous amuser!... oh! je m'en donnerai-t-il moi!...

LOUISE. Dans un pareil moment, Marcel! est-ce que vous devenez fou?...

MARCEL. Moi, devenir fou!... non pas... C'est Gratien... vous savez bien, le fils du fermier voisin... il se marie aujourd'hui, et ils viendront tous danser au château... comme c'est l'usage... toutes les noces du village viennent danser dans les jardins du château, et c'est moi qui sera l'orchestre!... Comment! ça ne vous égaye pas?

LOUISE, *soupirant*. Ça se passera, mon bon Marcel; oh! si cela ne faisait pas aussi de la peine à ce bon monsieur Derville...

MARCEL.

Air *de Madame Favart*.

Vraiment ça m' met la mort dans l'âme
D' vous voir pleurer soir et matin...

LOUISE.

Des emportements de madame,
Il est vrai, j'ai bien du chagrin;
Pourtant de ses tristes caprices
On me verrait bien moins gémir,
Si du moins de ses injustices
Ici j'étais seule à souffrir...
Ah! pourquoi de ses injustices
Ne suis-je pas seule à souffrir!

MARCEL. En v'là une qui fait mentir le proverbe : Dis-moi qui tu hantes, je te dirai qui tu es... elle a beau avoir un mari de la meilleure pâte... ça ne l'a pas rabonnie... et pourtant vous l'aimez toujours...

LOUISE. J'en conviens... mon cœur, sensible à l'injure, l'est encore plus aux bienfaits... et puis, elle est bonne au fond...

MARCEL. Le fond... c'est possible... mais la forme!... entre le fond et la forme, il y a une différence bien frappante...

LOUISE. Elle est vive, mais généreuse, obligeante même pour ceux dont elle ne se soucie pas..... et jusqu'à Gervais, qu'elle n'aime pas, vous le savez...

MARCEL. Pour ça, elle n'a pas affaire à un ingrat; il lui rend bien... et si sa mauvaise humeur ne tombait que sur lui... il a bon dos, mais vous, mam'selle Louise... vous!...

LOUISE. Je ne l'ai jamais quittée... Aux colonies, pauvre créole, j'étais sans appui, sans asile, à la mort de ma mère, dont sa famille avait déjà pris soin... c'est elle qui m'a recueillie..... elle s'est toujours montrée ma bienfaitrice... et si elle cesse de l'être, si elle m'abandonne, je serai bien malheureuse; mais rien ne pourra effacer de mon cœur la reconnaissance que je lui dois.

MARCEL. C'est ça des sentiments!... Ah! grands dieux, grands dieux, mam'selle Louise... il y aura un mari fièrement heureux sur terre quand vous vous marierez!...

LOUISE, *souriant*. Vous croyez!

MARCEL. Oh! oui... mais vous serez difficile... vous en faudra un qui soit riche?

LOUISE. Pourquoi donc?

MARCEL. Qui soit joli, joli...

LOUISE. Je n'y tiens pas...

MARCEL. Vrai... il n'aurait pas un physique plus flatteur... et il ne serait, comme moi, que le fils d'un bon fermier... qui a quelques économies... c'est vrai!...

LOUISE. Qu'importe, pourvu qu'il soit tendre, doux, sensible...

MARCEL, *vivement*. Et de bonne humeur.

LOUISE. Sans doute..... la gaieté annonce toujours un bon naturel...

MARCEL. Ah! quel bonheur... moi qui suis gai... mais non, que je suis bête... Je ne dois pas être gai... quand vous êtes triste... et puis j'ai bien un autre défaut...

LOUISE. Que dites-vous?...

MARCEL.

Air : *On dit que j'suis sans malice*.

Hélas! rien du tout, mam'selle Louise;
Je n' m'adress'rais pas un' sottise...
Mais c'est qu'par malheur chacune dit :
Que je n'ai pas assez d'esprit.

LOUISE.

Mon bon Marcel, je suis plus sage...
Dans les doux nœuds du mariage,
Moi, je pense que le bonheur
Vient moins de l'esprit que du cœur.

MARCEL. Il serait possible!...

SCÈNE III.

LES MÊMES, DERVILLE.

DERVILLE. Ah! ah!... tous deux ici!...

MARCEL. Pardon, m'sieur Derville... c'est que je causais un instant avec mam'selle Louise..... elle cause très-bien mam'selle Louise...

LOUISE. Et moi... je venais voir si madame

avait besoin de moi... malgré ses injustes préventions...

DERVILLE, à Louise. Tranquillisez-vous, ma chère enfant ; l'estime et l'amitié de tous ceux qui vous connaissent doivent vous consoler.

LOUISE. Je ferai toujours mes efforts pour m'en rendre digne... mais je serais si fâchée d'être la cause du chagrin de ma maîtresse... par malheur elle est enfermée.

DERVILLE. Vous la verrez plus tard... laissez-moi, mes amis..... j'ai besoin d'être seul....

MARCEL. Oui, m'sieur Derville... d'autant que j'ai là-bas des légumes qui meurent de soif... Dieu ! sont-ils altérés !

Il sort avec Louise.

LOUISE, *sortant d'un autre côté*. Oh ! j'aurai bien de la peine à obéir...

SCÈNE IV.

DERVILLE, puis ANTONINE.

DERVILLE. Il faut donc user de sévérité... son oncle lui-même m'y engage...... mais ce moyen, que par déférence pour lui j'hésitais à employer, réussira-t-il ?... La voici... Tâchons de soutenir ce rôle si pénible et si peu fait pour moi.

ANTONINE, *entrant*. Eh bien, monsieur... vous êtes enchanté, vous vous applaudissez de la scène de ce matin ?...

DERVILLE. Vous devez me connaître assez, Antonine, pour croire que je ne m'applaudis que de ce qui est juste et raisonnable...

ANTONINE. Raisonnable, de me tourmenter, de m'humilier !...

DERVILLE. Pouvez-vous supposer que ce fut là mon intention ?...

ANTONINE. Quoi ! lorsque vous autorisez mes gens...

DERVILLE. Faut-il donc les rendre victimes d'une mauvaise humeur qu'ils n'ont pas provoquée ? d'ailleurs ils ne sont pas les seuls qui aient à se plaindre...

ANTONINE. Oh ! je vois qu'à vos yeux je suis une femme déplaisante, insupportable, odieuse...

DERVILLE. Odieuse, non ! mais...

ANTONINE. J'ai donc bien des défauts ?

DERVILLE, *avec douleur*. Oui, cruelle femme, et il ne tiendrait qu'à toi de n'en point avoir.

Air de *l'Apothicaire*.

En naissant tu reçus des cieux
Tout ce qu'il faut pour être aimable.
Veux-tu plaire aux cœurs comme aux yeux,
Sois donc plus douce, plus affable ;
Tu possédais cette douceur
Que dans une femme on adore...
Car dans tes regards, par bonheur,
Souvent on la retrouve encore.

ANTONINE. Je ne l'avais donc pas perdue lorsque là-bas, unissant ta destinée à la mienne, tu remerciais mon oncle d'avoir comblé tes vœux, d'avoir fait le bonheur de ta vie !...

DERVILLE. Je jugeais de la bonté de ton âme par la douceur de ta figure.

ANTONINE. Alors tu ne pensais qu'à me plaire... et aujourd'hui c'est bien différent...

DERVILLE, *tendrement*. Aujourd'hui, je t'adore toujours, tu n'en peux douter... et si tu voulais, nous pourrions encore être heureux !...

ANTONINE. Eh bien, Albert, je te crois !... mais s'il est vrai que tu m'aimes, tu dois craindre de m'affliger...

DERVILLE. Moi, t'affliger !... Si tu savais tout ce qu'il m'en coûte... Mais parle, que désires-tu ?...

ANTONINE. Une chose dont dépend ma tranquillité !...

DERVILLE. Et tu doutes de mon empressement à te satisfaire ?

ANTONINE, *d'un air patelin*. Tu le vois, je suis calme ; mon ami, ne me refuse pas !

DERVILLE, *souriant*. Cela me sera-t-il possible, si tu ne me demandes rien que de raisonnable ?...

ANTONINE, *de même*. Tu ne me refuseras pas ?...

DERVILLE. Explique-toi !

ANTONINE. Pour mon repos, pour le tien... tu ne peux pas hésiter d'abord !...

DERVILLE. Mais encore faut-il savoir...

ANTONINE, *câlinant*. Mon ami, mon Albert, tu sens bien... je ne suis pas injuste certainement !... Ce matin, la colère m'a peut-être fait dire des choses... mais après ce qui est arrivé, je ne serais pas maîtresse de moi... je t'en prie, consens à ce que Louise s'éloigne.

DERVILLE. Encore !... Y penses-tu ? la compagne de ton enfance !

ANTONINE. Je ne l'abandonne pas... j'aurai soin d'elle... mais je désire qu'elle ne reste pas ici davantage !...

DERVILLE. J'aime à croire que tu ne pensais pas en effet ce que tu disais si légèrement... Mais alors tu n'as aucun motif, et je ne puis céder à un mouvement d'orgueil, une fantaisie...

ANTONINE, *vivement et avec impatience*. Fantaisie si vous voulez ; j'exige qu'elle s'éloigne... Vous balancez ?...

DERVILLE. Non, je ne balance pas... Votre demande est d'une injustice extrême... et tout me fait la loi de vous refuser !

ANTONINE. Me refuser!...
DERVILLE. Une fille intéressante, douce, attentive...
ANTONINE. Allons, courage, continuez...
DERVILLE. Antonine!...
ANTONINE. Il est donc vrai, je suis sacrifiée!... Mais vous n'êtes pas où vous croyez en être, et bientôt on verra...

SCÈNE V.
LES MÊMES, DUCHEMIN.

DUCHEMIN. Eh bien, qu'est-ce encore?... toujours en querelle!...
DERVILLE. Venez, mon ami; vous arrivez fort à propos pour nous mettre d'accord.
DUCHEMIN. De quoi s'agit-il?
ANTONINE, *vivement*. Mon oncle, vous avez été, ce matin, témoin de la petite discussion dont Louise a été la cause... Eh bien, je propose d'avoir soin d'elle, de pourvoir abondamment à tout ce qui lui sera nécessaire, ailleurs que chez moi, et monsieur veut absolument qu'elle y reste.
DUCHEMIN. Ah! ah! (*Bas, à Derville.*) Ferme!
ANTONINE. J'ai mes raisons pour la renvoyer... et vous sentez bien que monsieur a les siennes pour vouloir la garder...
DERVILLE, *à Antonine*. Vous ne m'entendez pas?
ANTONINE. Je vous entends de reste!... Me croyez-vous assez aveugle...
DERVILLE. Expliquons-nous.
ANTONINE. Tout est expliqué... je n'ai plus le moindre doute!... Voilà donc la récompense de ma tendresse...
DERVILLE. Mais écoutez-moi!...
ANTONINE. Eh que me diriez-vous?... Pensez-vous m'imposer par ce calme apparent?... Il m'irrite encore plus que votre fausseté. Mais j'exposerai votre conduite à tous les yeux; on saura comment je suis traitée. Je n'épargnerai rien pour me venger du plus perfide et du plus déloyal de tous les hommes!...
DERVILLE. Allons, je quitte la partie; car c'est en vain qu'on veut faire entendre la raison à une femme qui n'en a point et qui n'en aura jamais.
ANTONINE, *stupéfaite*. O ciel!
DUCHEMIN, *bas, à Derville qui s'en va*. Bien!... laisse-nous à présent.

Derville sort.

SCÈNE VI.
DUCHEMIN, ANTONINE.

ANTONINE, *très en colère*. Est-ce bien lui qui parle? est-ce à moi qu'il s'adresse?... Je suis une femme sans raison... je n'en aurai jamais!...
DUCHEMIN, *souriant*. Diable! Il serait bien fâcheux qu'il dît vrai.
ANTONINE. Je ne le reconnais plus... il faut que cette petite fille lui ait tourné la tête!......
DUCHEMIN. Bon!... Comment peux-tu croire?...
ANTONINE. L'infidèle!... il ne se doute pas du chagrin qu'il me cause... ou plutôt il s'en applaudit.
DUCHEMIN. Allons, allons, calme-toi, ma bonne amie, et causons un peu... car depuis ce matin je n'ai pas trouvé un moment pour jaser avec toi d'amitié... Et je te l'ai dit, je pars demain pour longtemps; je serai au moins deux ans en mer...
ANTONINE, *sans l'écouter*. Mais d'où peut provenir un pareil changement?... Jamais il ne m'a parlé ainsi...
DUCHEMIN. Eh bien, un instant de mauvaise humeur... tu sais ce que c'est... Tu as quelquefois, souvent même, de légers caprices... une jolie femme doit en avoir... mais à la longue, ça devient insupportable!
ANTONINE. Insupportable!... En vérité, mon oncle, vous avez des expressions...
DUCHEMIN. Au fait, je ne devine pas ce qu'il peut avoir, ce pauvre Derville; mais il paraît triste...
ANTONINE. N'allez-vous pas dire que je le rends malheureux?
DUCHEMIN. Moi!... oh! non; mais d'autres l'accusent!...
ANTONINE. M'accusent?...
DUCHEMIN. Tu penses bien que je suis loin de partager cette manière de voir... Ils disent que si la femme dont le mari se plaint n'a pas toujours tous les torts qu'on lui croit, au moins est-il rare qu'elle soit tout à fait exempte de reproches... Et mille autres choses auxquelles je n'ai pas fait grande attention...
ANTONINE. Derville se plaint de moi aujourd'hui, cela doit être.

Air de l'Actrice.

Aux yeux d'un époux qui s'engage,
En nous tout est perfection;
Mais bientôt s'il devient volage,
Adieu la douce illusion.
Oui, par une nouvelle flamme
Contre nous son cœur est aigri...
Et le premier tort de la femme
Est l'inconstance du mari,
C'est l'inconstance du mari.

DUCHEMIN. Diable!... Tu penserais que cette petite Louise serait assez jolie pour attirer l'attention...
ANTONINE. Oh! mon oncle, je plaisan-

lais!... Certainement je ne puis supposer... Elle a trop de goût, d'élévation dans les sentiments...

DUCHEMIN. Sans doute, sans doute.... D'ailleurs, il serait vrai... ce que je ne puis supposer non plus... il te serait facile de le ramener!... Avec un peu d'adresse, une femme jeune et jolie fait tout ce qu'elle veut de son époux!...

ANTONINE. Oui, j'ai beaucoup d'empire sur le mien...

DUCHEMIN. En s'y prenant bien... pas de rigueur, pas de ton sévère, pas de cris, par exemple!... la mauvaise humeur d'une femme semble toujours si peu naturelle!... et avec des prévenances, de la douceur, on nous captive si aisément!...

ANTONINE. A vous entendre, mon oncle, on dirait que je suis la femme du monde la plus difficile à vivre...

DUCHEMIN. Allons donc, toi qui es un agneau, la bonté, la douceur, la raison même...

ANTONINE. Oh! vous avez beau dire, on voit bien que vous êtes prévenu par mon mari ; mais d'autres me rendent plus de justice. Dans la société j'ai quelquefois eu des succès, et l'on m'a trouvée aussi aimable que beaucoup d'autres, quand j'ai voulu me donner la peine de l'être!...

DUCHEMIN. Parbleu !... il n'y a qu'à vouloir... Quand elle le veut, quelle est la femme qui ne trouve pas le moyen de plaire pendant quelques heures ?

ANTONINE *d'un ton piqué.* Pendant quelques heures!...

DUCHEMIN.
Air de *Turenne.*
Dans le monde faire l'aimable,
Par ses discours et par un ton charmant;
Être en tout point une femme agréable,
C'est là ce que l'on voit souvent
C'est là, crois-moi, ce qu'on voit très-souvent !
Mais toujours s'empresser de plaire
• Dans sa maison, à son époux,
Être toujours bonne et pour tous...
C'est là ce que l'on ne voit guère.

Pendant ce couplet Antonine, impatientée, s'est mise à son piano.

ANTONINE. En vérité, mon oncle, vous me dites tout cela avec un sang-froid... Je ne sais, mais j'ai les nerfs dans une agitation...

Elle prélude avec force, et comme une femme qui étouffe d'humeur.

DUCHEMIN, *se plaçant derrière elle, où il l'écoute quelques instants.* Bravo!... Comment! mais tu as fait des progrès depuis que je ne t'ai entendue... (*Elle joue très-fort.*) Tu as de la main, de l'aplomb... tu joues un peu plus fort... mais il y a du goût ; ce serait dommage de ne pas cultiver ce talent-là!...

ANTONINE. Oui, et vous arrivez de Paris sans m'apporter un seul air nouveau...

DUCHEMIN. Au contraire, je t'apporte des livres et de la musique.

ANTONINE. Il y a donc au moins quelqu'un qui songe à moi...

DUCHEMIN, *qui a parcouru quelques romances sur le piano, en prenant une.* En récompense, tu vas me chanter quelque morceau... il y a si longtemps que je ne t'ai entendue!.. Tiens! je trouve là justement un petit air qui me semble assez joli ; veux-tu l'essayer ?...

ANTONINE. Voyons!... Je ne l'avais pas encore remarqué. (*Fredonnant.*) La, la, la, la!... Il paraît chantant, et le motif est agréable.

DUCHEMIN. Oh! le motif est excellent !

ANTONINE, *chantant en s'accompagnant.*
Air nouveau de *M. Hornville.*
Lise avait grâces, gentillesse,
Fortune, esprit, talents, beauté...
Bientôt Linval par sa richesse,
Sur ses rivaux l'eut emporté.
Au bonheur il eut confiance,
Et vit tromper son espérance...
Lise, par sa mauvaise humeur,
De son époux... fit le malheur !

A la fin du couplet, sa voix s'affaiblit.

DUCHEMIN, *reprenant avec force.*
Lise, par sa mauvaise humeur,
De son époux... fit le malheur.

ANTONINE, *avec dépit.* Cet air-là n'a pas le sens commun !...

DUCHEMIN. Je t'assure qu'il n'est pas mal... et si tu l'entendais plusieurs fois...

ANTONINE, *se levant.* Ah! j'en ai bien assez.

DUCHEMIN, *la faisant rasseoir.* Non, non; chante donc le second couplet...

ANTONINE, *chantant et s'accompagnant avec impatience.*
MÊME AIR.
Adèle, blonde assez commune,
Ne brillait point par ses appas,
Et comme elle était sans fortune,
Les amants ne l'obsédaient pas.
Un seul jeta les yeux sur elle,
Il l'épousa, lui fut fidèle...
Adèle, par sa douce humeur,
De son époux... fit le bonheur !

DUCHEMIN, *appuyant.*
Adèle, par sa douce humeur,
De son époux... fit le bonheur.

ANTONINE, *se levant avec colère.* Que cela est commun!...

DUCHEMIN. Tu es bien difficile aujourd'hui !... Moi, je trouve cette musique...

ANTONINE. Détestable!... et les paroles ne valent pas mieux !...

DUCHEMIN. Allons, allons, tu as de l'humeur...

ANTONINE. De l'humeur !... j'espère que ce que vous m'avez apporté la dissipera.

DUCHEMIN. A la bonne heure !... Je te laisse, et vais t'envoyer cela !... Reprends donc ta gaieté comme autrefois... aux colonies, tu étais aimable, folle même... et je t'aimais mieux comme ça !...

ANTONINE. Mais, mon oncle...

DUCHEMIN. Oh ! tu as de l'humeur... conviens-en, tu as de l'humeur !...

Il sort.

SCENE VII.

ANTONINE, *seule*.

De l'humeur ! de l'humeur !... parce qu'on a plus de jugement, plus de pénétration, plus de bon sens qu'eux, on a de l'humeur ; ils n'ont que ce mot, c'est insupportable !...

Air : *Pauvre petit, il est transi.*

Mes gens, mon oncle, mon époux,
Contre moi se sont légués tous !
 O destinée affreuse !
 Je suis bien malheureuse !
C'est à qui me contrariera,
C'est à qui me tourmentera ;
Oh ! oui, je suis bien malheureuse !
Derville me montre aujourd'hui
Beaucoup de rigueur et d'ennui,
Un autre objet sait le distraire,
A cet objet il cherche à plaire,
Et pour détruire le soupçon,
Que j'en conçois avec raison,
 Il dit que son épouse
 Est injuste et jalouse !

Mes gens, mon oncle, mon époux, etc.

SCÈNE VIII.

ANTONINE, MARCEL.

MARCEL, *apportant une caisse*. Madame, v'là des livres et de la musique que monsieur votre oncle m'a dit d'apporter.

ANTONINE. C'est bon ! (*A part.*) Est-ce qu'il aurait choisi ce vilain air qu'il m'a fait chanter avec intention ?

MARCEL. Où qu'il faut les mettre ?...

ANTONINE. Où tu voudras !

MARCEL. Dans la bibliothèque ?

ANTONINE. Oui.

MARCEL. Tiens, la porte est fermée !... Ça serait-il un effet de vot' part de me donner......

ANTONINE, *prenant la clef sur le piano*. Ah ! qu'il m'impatiente !... Voici !...

MARCEL. Je vais défaire la caisse et ranger tout ça là-dedans, n'est-ce pas, madame ? n'est-ce pas, madame ?...

ANTONINE. Eh ! laissez-moi en repos !

MARCEL, *à part, entrant dans la bibliothèque*. Hein ! hein ! le baromètre est encore à la tempête !...

ANTONINE. Allons, celui-là va dire aussi que j'ai de l'humeur... mais qu'entends-je donc là ?...

SCENE IX.

ANTONINE, LOUISE, GATIEN, THÉRÈSE, VILLAGEOIS *et* VILLAGEOISES, *puis* GERVAIS.

CHOEUR.

Air *du Bouquet du roi.*

Pour fêter un si beau jour,
 Vit' qu'à la danse
 On s'élance,
On doit dans un si beau jour
Fêter l'hymen et l'amour.

GERVAIS, *arrivant*. Vous v'là vous autres... c'est bon... v'nez avec moi trouver Monsieur... ce n'est que pour la forme, vu que c'est l'usage... mais c'est égal... la politesse... et je suis bien sûr qu'il ne demandera pas mieux...

ANTONINE, *à Gervais*. Qu'est-ce que c'est donc que tout ce monde ?...

GERVAIS, *cherchant des yeux*. Ah ! ah !...

ANTONINE. Que veulent tous ces gens-là ?

GERVAIS, *avec humeur*. Ces gens-là !... ils ne veulent rien ! (*Aux Villageois.*) Allons-nous-en... ce n'est pas là qu'il faut s'adresser...

ANTONINE, *aux mariés*. Que demandez-vous ?...

GATIEN. Madame !..

GERVAIS. Je te dis que c'est temps perdu !..

ANTONINE. Parlerez-vous ?..

THÉRÈSE. C'est pour...

GERVAIS, *à Thérèse*. Elle est de mauvaise humeur... g'n'y a rien à gagner...

ANTONINE, *lui donnant un soufflet*. Insolent !

GATIEN, *à Gervais*. T'as pourtant gagné ça, toi !..

GERVAIS, *en colère*. Un soufflet !.. mordi ! jarni ! nom d'une.... c'est une...

ANTONINE. Paix !... (*A Thérèse.*) Je veux savoir enfin le sujet qui vous amène...

THÉRÈSE, *bas, à Gatien*. Parle donc, toi qu'es le marié !..

GATIEN, *de même*. Écoute donc ! ça m'a

coupé la parole; d'ailleurs est-ce que c'es pas la mariée ?...

Air du Vaudeville de l'Épreuve villageoise.

N' fais donc pas la niaise...
  A Antonine.
J' sommes, ne vous déplaise,
Gatien...
      THÉRÈSE.
  Moi, Thérèse...
      ENSEMBLE.
Mariés d'à ce matin.
      THÉRÈSE.
J' voudrions ben un p'tit brin...
      GATIEN.
Tantôt danser dans dans vot' jardin,
      THÉRÈSE.
Si ça s'peut j'en s'rons ben aise.
      ENSEMBLE.
Si ça s'peut j'en s'rons ben aise...

ANTONINE. Ah ! c'est pour danser ?...
THÉRÈSE. Oui, madame, et v'là mam'selle Louise qui nous a dit...
ANTONINE. C'est mademoiselle qui a tout arrangé...
LOUISE. Je n'ai rien arrangé... je les ai engagés à s'adresser à vous...
GERVAIS. Et moi j'leur ai conseillé d'parler au maître de la maison... parce que de temps immémorial les propriétaires du château ont permis à toutes les noces du village de venir danser ici...
ANTONINE. Oui !.. eh bien, moi, qui suis la maîtresse de la maison... je ne veux pas de bal...
GERVAIS, *aux Villageois.* Là! qu'est-ce que j'avais dit... faut pas que ça vous rebute... monsieur Derville sera plus traitable... il est bon et obligeant monsieur Derville, mais tout le monde ne lui ressemble pas.
ANTONINE. Gardez vos impertinentes réflexions...
GERVAIS. C'est dit !..

      GATIEN.
  Suite de l'air précédent.
S'il faut qu'ça déplaise,
Viens-nous-en, Thérèse,
Ailleurs, à notre aise,
J'irons nous réjouir.
J'aimons à nous divertir,
Jarni ! ti d'un plaisir
Drès qu'il gêne
Et qu'il fait d' la peine.
  TOUS, *reprenant le dernier vers.*
Drès qu'il gêne et qu'il fait d' la peine.

SCÈNE X.

LES MÊMES, DERVILLE, DUCHEMIN.

DERVILLE. Ah! ah! il y a grand monde ici...

DUCHEMIN. Et de la gaieté, à ce qu'il me semble...
GERVAIS. Oui, de la gaieté... (*entre les dents*) et des soufflets !...
DERVILLE. C'est une noce, je crois..
DUCHEMIN. J'adore les noces de village, moi !..
GERVAIS. Oui, monsieur Derville !.. v'là Gatien le marié, Thérèse son épousée !.. et toute la jeunesse du pays...
DUCHEMIN. Eh ! eh ! la mariée n'est pas mal....
GATIEN. Excusez si j'avons pris la liberté...
ANTONINE. C'est bon, c'est bon... retirez-vous....
DERVILLE. Pourqui donc...
DUCHEMIN, *aux mariés.* Vous êtes bien contents tous les deux, mes enfants...
GATIEN. Oh ! ça, oui... Je sommes dans un ravissement... que j'avons là comme une joie qui est un plaisir, qui... mais vous savez ce qui en est, monsieur Derville, et je suis sûr qu'au vis-à-vis de mam' votre épouse...
DERVILLE. Oui, oui, sans doute...
      Il reste pensif.
LOUISE, *à Gatien.* Tais-toi, Gatien... Tu l'afflige...
GATIEN. Bah !
ANTONINE, *bas, à Duchemin.* Mais, mon oncle, faites donc renvoyer ces gens-là !...
DUCHEMIN, *sans l'écouter.* En vérité, on n'est pas plus jolie que Thérèse !
THÉRÈSE. Vous êtes ben honnête, monsieur !...
GATIEN. Pas vrai qu'elle est drôlette ?...
DUCHEMIN. Elle est charmante.
GATIEN. Eh ben ! voyez-vous ?... elle est plus bonne et plus douce qu'elle n'est belle.
ANTONINE, *à part, s'asseyant.* Ils ne s'en iront pas...
DUCHEMIN. Ah ça, mais... quand on se marie, on danse... Est-ce que nous n'aurons pas le petit bal champêtre ?...
ANTONINE, *s'agitant sur sa chaise.* Allons ! il faut aussi que mon oncle s'en mêle !
GATIEN. Oh ! pour la danse, je ne demandons pas mieux !...
GERVAIS. Ce qui fait qu'ils étions venus comme d'habitude pour avoir la permission de danser ici dans le jardin...
DERVILLE. Très-volontiers !...
GERVAIS, *avec affectation.* Oui, mais ça ne convient pas à tout le monde..... et v'là madame...
DERVILLE, *regardant Antonine.* Je suis persuadé qu'elle ne s'y opposera pas, et qu'elle sera fort aise d'obliger ses voisins... (*Bas, à sa femme.*) On ne peut refuser cela !
ANTONINE. Moi, très-positivement... je refuse !
DUCHEMIN, *bas, à Derville.* Ne cède pas !

DERVILLE, *bas, à Antonine.* Y songez-vous?...

ANTONINE. Je ne veux point de bal chez moi!

GERVAIS. C'est ce que madame m'a fait l'honneur de me dire en me gratifiant d'un soufflet, que j'ai encore...

DERVILLE, *bas, à Antonine.* Vous voulez donc vous faire détester de tout le monde?

ANTONINE, *avec humeur.* Eh! que m'importe?...

DERVILLE, *impatienté.* Mes amis!... je vous prie d'établir, selon l'usage, votre danse dans mon jardin..... vous me ferez le plus grand plaisir.

ANTONINE, *à part.* C'en est trop!

GATIEN. Pourtant, monsieur... si ça déplait à madame...

DERVILLE. Madame n'est pas obligée de s'y trouver... Quant à moi, je m'y invite...

DUCHEMIN. Et moi aussi... Je me charge des rafraîchissements..

GATIEN. Monsieur!... c'est trop juste!...

DERVILLE. Et après le bal... grand souper au château...

GATIEN. Ah! monsieur!... c'est trop fort.

ANTONINE, *à Derville.* C'est ça!... toute la maison au pillage!

DUCHEMIN, *bas, à Derville.* Bon!... *(A Antonine.)* Mais tu aimais la danse autrefois?

ANTONINE. Vous voyez comme il contredit nos volontés...

DUCHEMIN, *bas, à Antonine.* Que diable, aussi... quand on a des volontés qui s'opposent toujours aux plaisirs des autres, on doit s'attendre à de fréquentes contrariétés..... *(Haut.)* Ah ça, moi, si je suis de la fête, je veux danser avec la mariée...

GATIEN. C'est ben de l'honneur pour nous... seulement, je vous prions de ne pas trop fatiguer Thérèse.

DUCHEMIN. Sois tranquille, je sais les ménagements qu'on doit...

GATIEN. J'avons encore une permission bien plus essentielle à demander à monsieur Derville...

DERVILLE. Quoi donc?...

GATIEN. Je n'avons pas de violon au pays, et c'est ben loin d'en faire venir de Paris... mais si monsieur voulait permettre à notre ami Marcel de venir avec son petit turlututu... son flageolet... Il en joue si bien..... et c'est l'accompagnement obligé et indispensable de toutes les fêtes, vu qu'il n'y en a pas d'autre...

DERVILLE. Comment... il sera tout à votre disposition...

LOUISE. Oh! vous pouvez compter sur lui...

ANTONINE, *à part.* Oui!..... votre ami Marcel!... Il est encore là... c'est bon. *Elle va sans faire semblant de rien, fermer la porte de la bibliothèque, et y donne deux tours de clef.*

GERVAIS, *aux Villageois.* D'après ce que monsieur vous a dit, c'est une affaire arrangée...

ANTONINE, *à part, ayant ôté la clef.* Parfaitement arrangée...

GERVAIS. A tantôt?

DERVILLE. Oui, mes amis... à tantôt!

Air des Trois Marteaux.

Sous l'ombrage, pour la danse
Vous pourrez vous réunir;
Nous y goûterons, je pense,
Comme vous bien du plaisir.

ANTONINE, *à part.*

Oui, qu'on danse sous l'ombrage,
Moi, grâce à cette clef-là...
Quand je tiens l'orchestre en cage,
Voyons comme on dansera.

ENSEMBLE.

Dans le jardin
C'est en vain
Que l'on compte sur la danse,
Cette clef jusqu'à demain
Ne quittera pas ma main;

TOUS LES AUTRES.

Au jardin
Jusqu'à demain.
Bientôt la danse
Commence;
Au jardin,
Allons tous nous mettre en train,
Allez tous vous mettre en train.

Tout le monde se retire par la porte du fond, excepté Antonine, qui sort par une porte opposée à celle où est enfermé Marcel.

MARCEL, *sur la ritournelle, pendant que les autres sortent et frappant à l'intérieur.*

Pan, pan, pan, ouvrez-moi donc,
Ça n'a pas d'raison,
Pan, pan, pan, ainsi peut-on
Me mettre en prison?

FIN DU DEUXIÈME ACTE.

ACTE TROISIÈME.

Le fond du théâtre représente un jardin dont l'entrée est fermée par une grille qui traverse la scène et qui s'ouvre au milieu. Sur la gauche et en deçà de la grille, est un pavillon saillant qui est censé l'extrémité de la maison. Ce pavillon s'ouvre de plain-pied sur la scène, et a une fenêtre au premier étage.

SCÈNE PREMIÈRE.

DERVILLE, *seul, se promenant à grands pas, et très-agité.*

Il n'y a plus moyen d'y résister !... quelle impétuosité ! quelle violence !... Sans égards, sans respect pour son oncle qu'elle n'a pas vu depuis six mois... Sur un mot indifférent, se lever de table, au milieu du dîner, renverser sa chaise, briser des porcelaines, un fracas épouvantable !... Et je parviendrais à changer un pareil caractère ! c'est impossible ; quoi qu'il m'en coûte.. il me faudra recourir au moyen cruel que me propose son oncle !...

AIR : *C'était Renaud de Montaubon.*

Je n'ai déjà que trop souffert !
Je n'y tiens plus...non, sur mon âme,
C'est un tourment, c'est un enfer
Que d'être esclave ou tyran de sa femme !
Que je sois approuvé, blâmé ;
Qu'à son gré chacun en raisonne...
Je ne veux opprimer personne,
Mais ne veux pas être opprimé...
Je ne veux pas, je ne veux pas être opprimé !

Allons trouver Duchemin, et voyons à prendre un parti...

SCÈNE II.

DERVILLE, LOUISE.

LOUISE. Pardon, monsieur... est-ce que vous avez donné quelque commission à Marcel ?

DERVILLE. Non... pourquoi ?...

LOUISE. Il n'est pas venu dîner ; on le cherche et on ne le trouve nulle part ; il lui est peut-être arrivé quelque accident.

DERVILLE. Ce n'est pas probable... tranquillisez-vous...

LOUISE. C'est que voilà bientôt l'heure du bal...

DERVILLE. Savez-vous où est l'oncle d'Antonine ?...

LOUISE. Il se promène seul auprès de la pièce d'eau.

DERVILLE. Bon !...

Il s'en va.

LOUISE. Si monsieur rencontrait Marcel, serait-il assez bon pour l'envoyer ?...

DERVILLE. Oui, oui, mon enfant !

Il sort par la grille du fond.

SCÈNE III.

LOUISE, *puis* MARCEL.

LOUISE. Je vous demande un peu où il peut être ce pauvre Marcel... Monsieur cherche son oncle... Il ne doit pas être bien content de son voyage, monsieur Duchemin... Quel dîner on lui a fait faire... Pauvre Antonine ! quel caractère ! mais si elle rend les autres malheureux, elle est bien à plaindre aussi... Mais Marcel... c'est inexplicable ! En appelant, il me répondra peut-être. (*Elle appelle.*) Marcel !

MARCEL, *qu'on ne voit pas.* Hai !

LOUISE. Est-ce lui ?

MARCEL. Je suis là, mam'selle Louise !

LOUISE, *regardant partout.* Où donc ?....

MARCEL, *paraissant à la fenêtre au dessus du pavillon, en ouvrant la persienne.* Regardez en haut !...

LOUISE. Eh ! bon Dieu qu'est-ce que vous faites là ?...

MARCEL. Je suis sous cloche... comme un melon... c'est madame qui a soin de ma santé ; elle m'a enfermé ici pour que le grand air ne me fasse pas de mal.. c'est bien de sa part.

LOUISE. Et la noce ?...

MARCEL. Dam !... à moins qu'on ne vienne danser ici...

LOUISE. Attendez... la grande échelle est justement là derrière, je vais la faire placer sous l'autre fenêtre.

MARCEL, *pendant que Louise disparaît un instant.* Elle y va tout de même... Oh ! bonne, excellente fille, va !... mais a-t-on jamais vu enfermer un jeune homme de bien... A propos de... je ne sais quoi... et

quand on a besoin de moi pour faire danser !..
Voilà une idée, de mettre l'orchestre au violon.

LOUISE. Eh bien !... venez-vous ?...

MARCEL, *en dehors.* Laissez donc !... je tiens de l'écureuil....

LOUISE. Mais par quel hasard étiez-vous donc.....

MARCEL. Mam'selle Louise... (*Se frottant l'estomac.*) Je ne sais pas ce que j'éprouve... oh ! je m'en vas...

LOUISE. Ah ! mon Dieu !

MARCEL. Je vois ce que c'est... je n'ai pas dîné... voilà...

LOUISE. C'est vrai... venez donc bien vite.

MARCEL. C'est ça !... et tout en dînant je vous dirai ce que je soupçonne à propos de cet attentat à ma liberté individuelle... Oh ! j'entends madame Rabat-joie... Allons-nous-en.

Il prend l'échelle et se sauve avec Louise, tandis qu'Antonine sort du pavillon et les voit s'enfuir. La porte ouverte laisse voir le cabinet de toilette d'Antonine.

SCÈNE IV.

ANTONINE, seule.

Fort bien !... le prisonnier est échappé et l'on dansera malgré moi... Eh bien ! puisque je n'ai pu empêcher ce maudit bal, j'en veux être aussi, oui, je m'y rendrai, j'y danserai, je m'y amuserai... Mon oncle... avec ses plaisanteries sur cette Louise... Oh ! non... assurément... c'est impossible... pourtant je veux m'assurer... Ils ne s'attendent guère à me trouver là... mais un bal !... on a beau être à la campagne... et personne pour m'habiller... je sais bien que je n'aurais qu'à dire un mot... et mademoiselle Louise... mais non... j'aime mieux... (*Elle entre dans le pavillon et se place à sa toilette, en face du spectateur.*) Commençons par me coiffer... (*Elle prend le peigne, et s'arrête.*) Je ne sais comment m'y prendre... et pourtant on m'a enseigné tant de choses... c'était bien nécessaire !... aux colonies, habituée à être servie par tout le monde... mais ici !...

Tout en chantant, elle arrange ses cheveux avec impatience.

Air *de la Valse de la Petite Babillarde*, de MONTFORT, ou *Dieu, quel caractère!* de SUZANNE, P. R.

Des talents futiles
Et des arts stériles
Me sont inutiles,
Hélas ! aujourd'hui
Je ne sais pas même,
Embarras extrême !
Je ne sais pas même
Me passer d'autrui !

Elle essaye un chapeau.

Avec patience,
Avec persistance,
Essayons... je pense
Qu'ici, bien ou mal,
Je saurai peut-être
Dignement paraître
A ce bal champêtre...
Ce superbe bal !

Avec dépit et impatience.

Non... cette coiffure...
Sa couleur trop dure
Nuit à ma figure...
Ah ! c'est une horreur !
Nul goût, nulle grâce !
Rien n'est à sa place,
Tout cela grimace
Et je ferais peur !

En achevant elle se lève avec colère, jette le chapeau qu'elle avait sur la tête, et sort du pavillon.

SCÈNE V.

ANTONINE, LOUISE.

ANTONINE, *à Louise, qui paraît s'avancer avec crainte.* Que voulez-vous ?... que demandez-vous ?... que cherchez-vous ?..... puisque vous n'êtes plus à mon service...

LOUISE. Madame...

ANTONINE. Vous osez venir me tourmenter encore ?... je ne jouirai pas d'un moment de tranquillité dans ma maison...

LOUISE. Je voulais demander à madame... la permission de l'habiller...

ANTONINE. M'habiller !... me proposer de m'habiller ?... à l'heure qu'il est, dans l'état où je suis... vous êtes bien hardie de m'approcher...

LOUISE. De grâce ! ne refusez pas mes services !

ANTONINE. Retirez-vous.... n'abusez pas de ma patience, de ma douceur....

LOUISE. Je vous en prie !...

ANTONINE. Ce n'est pas le plaisir de m'obliger qui vous amène... c'est de l'orgueil, de l'hypocrisie...

LOUISE. Ah ! madame !... rendez-moi plus de justice... vous qui m'aimiez autrefois... qui aviez pour moi tant de bontés... qu'ai-je donc fait, mon Dieu ! pour mériter que vous me traitiez si durement...

ANTONINE, *tournant autour d'elle sans l'écouter.* Eh ! mais, voyez donc un peu quelle élégance !...

LOUISE. Pour la noce de Gatien... ne fallait-il pas...

ANTONINE. Vous montrer à moi dans une parure...

LOUISE. Je ne suis parée que de vos bienfaits.

ANTONINE. C'est sans doute pour me braver!
LOUISE. Madame!...
ANTONINE. Oui!... pour accréditer les idées que votre conduite a fait naître sur la protection que monsieur Derville vous accorde... Eh bien!... tenez, tenez... vous ne profiterez pas de votre belle toilette,...

En disant ces mots, Antonine en fureur ôte le bonnet de Louise, lui dérange les cheveux, et se retire en la menaçant.

LOUISE, *pleurant*. Quelle cruauté!

SCÈNE VI.

LOUISE, MARCEL.

MARCEL. Oh!... me v'là un peu refait!... Ah! mon Dieu! qu'est-ce qui vous a donc arrangée comme ça, mam'selle Louise?... est-ce que?... encore comme ce matin!
LOUISE. Oh! non... cette fois elle n'en voulait qu'à ma coiffure... c'est une suite de sa malheureuse prévention...
MARCEL. Jalouse de vous... c'est pas l'embarras... y aurait bien de quoi... si vous n'étiez pas ce que vous êtes...
LOUISE. Elle est bien à plaindre, puisque ce triste sentiment lui fait soupçonner ainsi celle qui lui est le plus sincèrement attachée.
MARCEL. Et vous l'aimez encore... Eh bien, moi,...
LOUISE, *d'un ton de reproche*. Comment, Marcel?
MARCEL. Si, si.... je l'aime toujours... mais de confiance... parce que vous le voulez... (*A part, voyant le bonnet de Louise par terre.*) Ah!... une idée...

Pendant que Louise parle, il ramasse son bonnet et va cueillir une rose.

LOUISE, *tristement à elle-même*. C'est pourtant être née bien malheureusement que de mettre tout son plaisir à faire de la peine aux autres... il est si doux au contraire de faire plaisir à tout le monde!
MARCEL, *d'un ton qu'il veut rendre malicieux*. Mam'selle Louise... ça serait-il un effet de votre complaisance de vous asseoir un instant...
LOUISE, *s'asseyant*. Pourquoi donc, Marcel?...

MARCEL, lui remettant son bonnet, sur lequel il a placé la rose.

Air de la Sentinelle.

Permettez-moi, mam'sell', de rétablir
　La fraîcheur de votre parure...
Puis-j' mieux fair' pour y parvenir
　Qu' d'avoir recours à la nature?

Cett' ros' que j'viens d' cueillir ici
　Loin d' m'en vouloir, je le parie,
Près de vot' visag' si joli,
　Sera bien mis' placée ainsi,
Do se r'trouver en compagnie,
　En compagnie!

LOUISE. Mais savez-vous que c'est un compliment que vous me faites là...
MARCEL. Possible, mam'selle... alors il ne doit pas être spirituel... car ça ne part que du cœur.
LOUISE. Bon Marcel!
MARCEL. A présent... nous pouvons aller chercher la noce... Ah! bon... j'ai oublié mon flageolet...
LOUISE. Etourdi!... à quoi pensez-vous donc?...
MARCEL. A vous, mam'selle Louise, toujours, toujours, toujours...

SCÈNE VII.

LES MÊMES, GERVAIS, *puis* ANTONINE.

GERVAIS. Eh bien, mon pauvre Marcel... ta maîtresse t'avais donc mis en cage?
MARCEL. Oh! j'ai été ben vite libéré... grâce à mam'selle Louise... aussi je cours chercher mon flageolet pour la faire danser.
GERVAIS. Ah! mon Dieu! mon Dieu! queu femme que c'te madame Derville...
ANTONINE, *paraissant dans le pavillon*. Ils parlent de moi!...
GERVAIS. Mais c'est un lutin, un vrai diable!...
LOUISE. Vous avez donc un grand plaisir à en dire du mal...
GERVAIS. Autant qu'elle en trouve à nous faire enrager tous.
LOUISE. Pourtant, ce n'est pas à vous qu'il convient de déclamer si fort contre elle.
GERVAIS. Faudrait-il pas faire son éloge?
LOUISE. Vous le devriez peut-être...
GERVAIS. Oui... ah! morgué!... si gn'y a que moi qui chante ses louanges...
LOUISE. Vous ne voyez que ses défauts... vous ne connaissez pas ses qualités...
ANTONINE, *à part*. Comment! Louise prend ma défense?...
GERVAIS. Je ne connais pas ses qualités... oh! que si... un mauvais cœur... une âme insensible...
LOUISE. Quelle calomnie!
GERVAIS. Calomnie!... ah! c'est tout au plus de la médisance... et ben douce encore.
LOUISE. Moi, je connais ma maîtresse mieux que vous... et je vous soutiens qu'elle est humaine, libérale...
GERVAIS. Libérale!... ah! oui... un souf-

flet! (*Portant la main à sa joue.*) Je me souviens de tantôt...

LOUISE. Elle souffre la première de la peine qu'elle cause...

GERVAIS. Oh! la première...

ANTONINE, *à part*. Elle a peut-être raison.

LOUISE. Elle y pense toujours, et elle oublie le bien qu'elle fait.

GERVAIS. Pour ça... ça ne doit pas lui être difficile...

LOUISE. Et si je vous disais que les six cents francs que je vous ai remis hier sont un don de sa générosité?...

GERVAIS. Elle! badinez-vous?

LOUISE. Elle n'a cependant pas à se louer de vous...

GERVAIS. Oh! pour ça, je ne la ménage pas, il est vrai... Quoi! ce n'est pas monsieur Derville?...

LOUISE. Non... c'est madame qui vous a tiré d'embarras... son mari n'en sait pas un mot... elle n'a pas voulu empêcher qu'il ne vienne aussi à votre secours... et voilà comme vous l'en récompensez...

GERVAIS. Comment! c'est c'te méchante femme qui est si bonne!...

LOUISE. Direz-vous encore qu'elle a un mauvais cœur?

GERVAIS. Oh! non, non... je ne veux plus voir que ses bienfaits...

LOUISE. Soyez sûr qu'il ne manque à madame qu'un peu de douceur et d'aménité pour être chérie de tous ceux qui l'entourent.

ANTONINE, *à part*. O mon Dieu! dois-je croire en effet...

GERVAIS. Ça se pourrait ben... ma foi, il me semble que je y pardonne le soufflet de tantôt... et pourtant il était sec... ah! vous croyez qu'elle souffre?... c'te pauvre chère femme... que je suis donc fâché de ce qui va lui arriver...

LOUISE, *avec inquiétude*. Qu'est-ce que c'est donc?...

ANTONINE, *à part*. Que veut-il dire?...

SCÈNE VIII.

LES MÊMES, MARCEL.

MARCEL, *revenant avec son flageolet*. Allons, me v'là, partons au son du fifre...

LOUISE, *à Gervais*. Un moment... expliquez-vous...

GERVAIS, *d'un air mystérieux*. Il se trame quelque chose contre madame.

LOUISE et MARCEL. Comment?...

GERVAIS. Je passais tout à l'heure auprès du petit bosquet, au bout du parterre, où que monsieur Derville causait avec l'oncle de sa femme; je n'ai pas voulu écouter, parce que ça n'est pas poli; mais je me suis tapi derrière la charmille, et j'ai tout entendu...

MARCEL. Sans écouter?

LOUISE. Après?

GERVAIS. Monsieur Duchemin parlait comme ça. (*Il imite quelqu'un qui veut persuader.*) « Allons, Derville, décide-toi, » ce n'est pas une femme, c'est un diable!... » il n'y a plus à hésiter. » Et l'autre lui répondait comme ça. (*Il imite quelqu'un qui a de la peine à se décider.*) « Oui... je le » sens... avec elle l'existence est un tourment. —Alors, que fait l'oncle, consens donc à ce » que je te propose... il le faut. J'ai commandé les chevaux de poste; dans une » demi-heure, ma chaise t'attendra...—La » quitter? répondit monsieur.—Oui, qu'a » dit comme ça, dit-il, monsieur le contre-» amiral... Je te rejoindrai demain, et je me » charge d'annoncer à madame ma nièce » qu'elle ne te reverra pas de longtemps... —Eh bien, oui, que monsieur Derville s'est » décidé à dire enfin... oui, nous parcour-» rons encore les mers ensemble...—Bravo! » qu'a repris encore monsieur Duchemin... » dans trois jours nous serons embarqués; » et toi dans un instant sois prêt à partir... »

ANTONINE, *qui écoutait avec anxiété dans le pavillon, et paraissant tout à coup avec effroi*. Partir!

GERVAIS. Elle écoutait... (*S'enfuyant.*) Filons, vite...

MARCEL, *de même*. Sauve qui peut!

LOUISE, *à part, se retirant un peu à l'écart*. Malheureuse Antonine!

SCÈNE IX.

LOUISE, ANTONINE.

ANTONINE, *elle reste immobile à la porte du pavillon*. Je suis anéantie!.. confondue... oh! non... ce n'est pas possible... (*Descendant la scène.*) Me quitter... m'abandonner!.... Ici chacun se plaint de moi... ils m'accusent tous... nos serviteurs, Louise, mon mari, mon oncle lui-même... Tous... et moi... je resterai seule... serais-je donc en effet une femme avec qui il soit impossible de vivre... aurais-je mérité la haine de tous ceux qui m'entourent... Mais Derville... je l'aime... je l'adore... oh! l'idée d'une telle séparation me tue!...

LOUISE, *à part*. Sa douleur me fait trop de mal; sa tranquillité, son bonheur, tout, malgré mon chagrin, me fait un devoir de ne pas hésiter plus longtemps...

Elle s'avance un peu.

ANTONINE, *la voyant.* Louise!...

LOUISE, *avec crainte.* Ma chère maîtresse, daignez m'écouter sans colère...

ANTONINE, *avec bonté.* Approchez, Louise, ne craignez rien...

LOUISE. O ma bienfaitrice!... je comptais passer mes jours auprès de vous et vous consacrer toute mon existence... mais puisque je suis devenue dans cette maison un sujet de discorde, je n'y dois pas rester davantage, et je suis prête à me rendre dans l'asile qu'il vous plaira de m'indiquer...

ANTONINE. Est-il possible?... Elle aussi...

LOUISE.

Air de *l'Ermite de Saint-Avelle.*
Ordonnez du sort de Louise,
Vous la voyez à vos genoux...

Elle se jette aux pieds d'Antonine, qui la relève doucement.

Résignée à tout et soumise,
Vous obéir lui sera doux;
C'est une loi qu'elle doit suivre
Pour assurer votre avenir...
Près de vous elle espérait vivre...
Loin de vous elle ira mourir.
Près de vous elle ne peut vivre...
Loin de vous... elle ira mourir.

ANTONINE, *à part.* Que son dévouement, que sa candeur me touchent! (*Haut.*) Quoi! Louise, tu ne me hais pas?...

LOUISE. Moi! vous haïr!...

ANTONINE. J'ai été pour toi si injuste!

LOUISE. Si généreuse.

ANTONINE. J'ai fait le tourment de ta vie.

LOUISE. Vous avez pris soin de mon enfance...

ANTONINE. Je t'ai accablée de mauvais traitements...

LOUISE. Vous m'avez comblée de bienfaits, et rien au monde ne pourra me les faire oublier... je serais sans secours, au sein de la misère... que votre nom restera toujours gravé là... dans mon cœur...

ANTONINE. C'en est trop!... je ne puis retenir mes larmes... Ma chère, ma bonne Louise... j'ai bien des torts à réparer envers toi... promets-moi de ne jamais me quitter et sois toujours mon amie!...

LOUISE. Vous ne croyez plus à vos soupçons... vous m'aimez encore!... (*Elle se jette dans les bras d'Antonine.*) Ah! ce moment efface toutes mes peines... il ne me reste plus qu'à faire des vœux pour votre bonheur...

ANTONINE. Mon bonheur!... n'as-tu pas entendu tout à l'heure... j'ai perdu le cœur de Derville... il veut me fuir...

LOUISE. Oh! non... ne le croyez pas... il vous aime toujours...

On entend une ritournelle.

ANTONINE. Qu'entends-je!...cette noce!... en ce moment!... Ah! retirons-nous, et cachons ma douleur.

Elle rentre vivement dans le pavillon, dont elle ferme la porte.

LOUISE, *à part.* Mon Dieu! s'il est vrai!... qu'est-ce qu'elle va devenir?...

SCÈNE X.

LOUISE, DERVILLE, DUCHEMIN, MARCEL, GERVAIS, GATIEN, THÉRÈSE, TOUTE LA NOCE.

Ils entrent sur le chœur, ayant en tête Marcel, avec son flageolet.

CHŒUR.

Air d'*Un trait de Paul 1er*,
Ou du 3me acte du *Serment.* (Opéra.)
Il faut accourir
Dès que le plaisir
Nous appelle;
Oui, tous avec zèle
Du plaisir
Nous devons jouir!

GATIEN. Allons, mes amis, vite en danse... Monsieur Duchemin, v'là Thérèse qui vous tend les bras.

DUCHEMIN. Oh! tout à l'heure... Je me réserve!... mais, en attendant... j'indiquerai les figures, ça me rappellera mon jeune temps... parce qu'à présent... le conseil, c'est mon fort... quant à l'exécution...

MARCEL. C'est vot' faible... n'y a pas de mal... chacun son genre!...

GATIEN. Eh ben! père Gervais, faites danser la mariée, vous... moi, je prends mam'selle Louise... (*Il présente la main à Louise, qui l'accepte tristement.*) A quoi que vous rêvez donc, mam'selle Louise? vous êtes ben triste!...

LOUISE. C'est vrai!..... je ne suis pas gaie!...

GATIEN. Consolez-vous... vot' tour viendra.

GERVAIS, *après la contredanse.* Mais dites donc, vous autres... il me semble que vous avez drôlement choisi vot' salle de danse... le soleil nous grille ici...

DERVILLE. Il a raison... vous seriez mieux sous les grands marronniers...

TOUS. Oui, oui..., sous les marronniers!...

DUCHEMIN, *bas, à Derville.* Reste ici un moment!

GERVAIS. Allons, en route!...

REPRISE DU CHŒUR.

Il faut accourir, etc.

Gervais donne le bras à Louise; Gatien à Thérèse. Ils sortent par la grille du fond.

SCÈNE XI.

DUCHEMIN, DERVILLE, puis ANTONINE.

DUCHEMIN, *vivement*. Eh! bien..... la voiture ne peut tarder à arriver..... es-tu prêt?...

DERVILLE. Quoi! déjà?...

DUCHEMIN. Est-ce que tu hésites?...

DERVILLE. Non, non...

ANTONINE, *à part, entr'ouvrant les persiennes du pavillon*. Je n'entends plus rien... Ciel!... mon mari!...

Elle referme les persiennes.

DERVILLE. Veuillez me pardonner ma faiblesse, mon ami... mais cette séparation peut avoir des suites si douloureuses!...

DUCHEMIN. Très-heureuses, au contraire... car si après deux ans passés loin de toi, Antonine n'est pas corrigée... tu mourrais à la peine... ce ne serait plus pour quelque temps alors qu'il faudrait la fuir... Allons... voici les chevaux... pars donc!...

DERVILLE, *avec résolution*. Oui... vous avez raison... il le faut... je pars... et si dans deux ans, Antonine, en effet, n'est pas corrigée, elle ne me reverra jamais!

ANTONINE, *dans le pavillon, jetant un grand cri*. Ah!

DERVILLE. Grands dieux!... ce cri!...

DUCHEMIN. Qu'est-ce donc?...

DERVILLE, *se précipitant dans le pavillon*. C'est elle!... elle était là!...

DUCHEMIN. Ah! diable! est-ce que ça lui aurait produit assez d'effet?...

DERVILLE, *rapportant Antonine et la plaçant sur une chaise de jardin*. Sans connaissance!...

DUCHEMIN, *s'approchant*. Ma nièce!...

DERVILLE, *lui prenant la main avec la plus grande douleur*. Antonine!...

ANTONINE, *revenant à elle*. Où suis-je?... Il me semblait..... Qu'ai-je donc entendu tout à l'heure!... On dansait, je crois... et puis... lui!.., oh! oui... il voulait me fuir... il m'abandonnait... pour toujours!..... (*Le voyant, elle se lève en s'écriant:*) Ah!...

DERVILLE. Chère Antonine!...

ANTONINE. C'est lui!... encore!... oh!... ne pars pas, Albert... toi me quitter... je suis assez punie, va!... je l'ai mérité... mais davantage... ce serait trop...j'en mourrais!... oh! oui... je t'ai rendu bien malheureux... Mon amour ressemblait à de la haine... j'ai dû perdre ton cœur... je l'ai perdu... mais, à force de soins, de douceur, de soumission... je le regagnerai, n'est-ce pas?... oh! laisse-moi l'espérer... Malgré tous mes torts, je n'ai jamais cessé de te chérir... Et maintenant même qu'une leçon bien cruelle a changé mon caractère, elle n'a rien changé à mon amour... Oh! daigne me pardonner, Albert!... on ne s'avilit pas aux pieds de ce qu'on aime... c'est à tes genoux que j'implore ma grâce!

DUCHEMIN, *à part*. A la bonne heure!...

DERVILLE, *hors de lui*. Je n'y tiens plus! (*Relevant Antonine.*) Chère Antonine!..... dans mes bras, sur mon cœur... c'est là que tu trouveras ton pardon, en m'accordant le mien pour une épreuve si pénible!

ANTONINE, *se jetant à son cou*. Ah! mon ami!... mon Albert! que je suis heureuse!...

Pendant les derniers mots, on a vu paraître derrière la grille du fond, regarda anxiété ce qui se passe; elle fait signe à tou. le monde d'accourir.

DERVILLE, *vivement*. Calme-toi, calme-toi, chère épouse... on vient...

ANTONINE. Oh! tant mieux... qu'ils approchent... Venez, venez, mes amis, venez tous partager ma joie!... vous qui avez tous à vous plaindre de moi!..

SCÈNE XII.

LES MÊMES, LOUISE, MARCEL, GERVAIS, GATIEN, THÉRÈSE, VILLAGEOIS.

ANTONINE. Vous avez tous à vous plaindre de moi, mes amis?...

LOUISE. Vous êtes heureuse!... et tout est oublié!...

TOUS. Oui, tout est oublié!...

GERVAIS. Excepté vos bienfaits, qui sont gravés là....

Il montre son cœur.

MARCEL, *montrant le sien*. Et là aussi!... et partout!...

DUCHEMIN. Ah çà!... puisque tout est raccommodé, j'espère que nous souperons plus gaiement que nous n'avons dîné...

ANTONINE. Daignerez-vous me pardonner?

DUCHEMIN. Ma chère amie... à charge de revanche... car tu vois un coupable... c'est moi qui suis cause que Derville aujourd'hui... je l'aurais emmené d'abord...

ANTONINE. Ah! mon oncle!... vous m'avez rendue à la raison... vous me verrez à présent et toujours faire le bonheur de ceux qui m'environnent. (*Regardant Louise et Marcel en souriant.*) Louise m'aidera bien un peu à réparer mes torts envers quelqu'un?...

MARCEL. Ah! madame!... ah! mam'selle Louise!... combien je bénis ma captivité!... (*A part.*) A présent j'adore not' maîtresse... et avec connaissance de cause!...

DUCHEMIN. Allons!... vous le voyez!... il y a toujours de la ressource lorsque le cœur est bon!

CHŒUR FINAL.

Air de Lestocq.

Désormais plus d'orage ;
Douce et joyeuse humeur,
  Toujours dans leur ménage
  Fixera le bonheur.

ANTONINE, *au public.*

AIR : *Il m'en souvient, longtemps ce jour.*

Longtemps, pour tout le monde, hélas !
Je fus colère, impérieuse,
Alors, je ne connaissais pas
Le vrai moyen pour être heureuse.
A personne, on l'a trop pu voir,
  Antonine ne savait plaire ;
Prouvez, Messieurs, en venant chaque soir,
  Qu'à présent c'est tout le contraire.
Daignez prouver, en venant chaque soir,
  Qu'à présent c'est tout le contraire.

REPRISE DU CHŒUR.

Désormais, etc.

FIN.

Imprimerie de Mme Ve DONDEY-DUPRÉ, rue Saint-Louis, 46, au Marais.

Imprimerie de Mme Ve Dondey-Dupré, rue